BIOGRAPHIE

D'UN

VIEUX BIBLIOPHILE

JUIN 1867

PARIS

LIBRAIRIE DE J. BARBRÉ, ÉDITEUR

12, BOULEVARD SAINT-MARTIN, 12

———

1867

Chaque exemplaire sera revêtu de ma griffe.

BIOGRAPHIE D'UN VIEUX BIBLIOPHILE

Préambule. — Souvenirs personnels, aperçu historique du théâtre depuis soixante ans. — Réflexions sur divers événements. — Conclusion.

C'est vraiment quelque chose de bien bizarre que la détermination que je prends d'écrire ma biographie. Je n'ai pu dans l'origine m'expliquer cette résolution, mais en pensant à certaines circonstances, je me suis décidé. Il surgit parfois de notre esprit une idée spontanée, imprévue, qui nous domine, et alors nous nous laissons entraîner. Cette notice n'est pas destinée à la publicité, n'ayant jamais rien produit ; cependant je me recommande à l'indulgence des personnes qui la liront, en les priant de m'excuser si j'ai un peu longuement parlé de moi ; mais j'ai voulu faire connaître qui j'étais et ce que j'avais toujours été.

POTHONNIER (Pierre-Alexis-Félix). Je suis né au Havre, le 29 novembre 1794. Mon père était de Lyon, mais d'origine briarde ; son grand-père était greffier et receveur de la paroisse Saint-Jean les Jumeaux, diocèse de Meaux. Ma mère était Parisienne; elle se nommait Mainpon de la Roche ; elle appartenait par sa famille à la vieille noblesse languedocienne ; son père avait été capitoul en 1754. Il quitta Toulouse et vint se fixer à Paris, où ma mère était née en 1760. Mon père s'établit chapelier au Havre, et je le perdis à dix ans. Ma mère, restée veuve avec deux enfants, mais femme d'un caractère énergique, continua son commerce, malgré les difficultés du temps: car à cette époque il n'y avait plus de marine marchande, et le Havre était un port de guerre. Comme j'étais d'une faible constitution, ma mère, craignant pour moi l'air trop vif de la mer, me retira du collége où, je me trouvai condisciple de Casimir

Delavigne et d'Ancelot, et m'envoya au collége de Vernon ; j'y fis
de rapides progrès et y obtins, en 1808, le prix d'excellence et
quatre autres prix. Je le quittai aux vacances ; mon frère m'y rem-
plaça et je la perdis en 1817. M. Billaudel, le directeur, aurait bien
voulu me garder pour me faire achever mes études, mais ma mère
lui objecta que les temps étaient durs, qu'elle trouvait une occasion
de me placer dans le commerce et qu'elle la saisissait. J'entrai à
Paris chez un négociant commissionnaire, honnête et digne homme
pour lequel j'ai conservé toute ma vie la plus profonde reconnais-
sance. Les désastreux événements de 1814 me ramenèrent chez ma
mère. En septembre je retournai à Paris, j'y rentrai dans la com-
mission et je ne la quittai plus. J'ai toujours fait de fréquents
voyages au Havre, j'y séjournai même assez longtemps. A la mort de
mon frere, ma mère s'était retirée, et je la perdis en 1837.

Lorsqu'on redescend dans ses souvenirs, on se dit : O le beau
temps que celui de la jeunesse ! quelle séve ! que de force ! que
d'ardeur ! comme on dépense largement les dons de la nature ! Quel
avenir l'homme se préparerait ! que de maux il s'éviterait s'il avait
la prévision de l'expérience ! Mais non : il lui faut et son école, et
ses leçons.

Le Vexin normand est un superbe pays, l'air y est pur et salubre ;
Vernon est une vieille ville qui a son passé historique, ses environs
sont charmants. Le collége occupait de mon temps un ancien château
du duc de Penthièvre (1). Il y avait encore des portraits de famille
dans le secrétariat et le réfectoire. Il avait été reconstruit du côté
de la place, mais on voyait encore une vieille tour et des fossés
donnant sur le cours. La longue avenue du château de Bizi, son
parc, le cours bordé de belles propriétés, et au delà la forêt qui
conduit à Ivry-la-Bataille, tout y rappelait Henri IV et la belle Ga-
brielle. Si on a lu les chroniques, on se souvient de Jacques Brézé,
ce grand sénéchal de Normandie, qui avait épousé Charlotte Sorel,
la fille aînée d'Agnès. L'ayant surprise avec son écuyer, il les tua
tous deux. En voilà un sujet de drame pour nos faiseurs !

Je suis resté célibataire ; les occasions de me marier ne m'ont pas
manqué, mais les circonstances ne l'ont pas voulu ; je n'avais pas de
profession, et l'âge est arrivé de n'y plus penser. J'ai eu de nom-
breuses amours, trop tard peut-être, et maintenant ce n'est plus
qu'un rêve de doux souvenirs. La vie active, régulière et sobre que
j'ai toujours menée m'a donné un bon tempéramment. Je me suis
retiré des affaires à cinquante ans, et depuis je vis de mon modeste
revenu, remerciant Dieu chaque jour du sort indépendant qu'il

---

(1) La cour était spacieuse ; il y avait une allée de tilleuls à chaque extrémité. Il
était resté une petite salle de spectacle à une des ailes du bâtiment; on la louait aux
troupes nomades. J'ai une idée confuse d'y avoir vu *Voland, le fameux Janot*, des
Battus payent l'amende, de Dorvigny. Elle servait aux saltimbanques de passage :
Forioso, la Malaga, Mlle Rose avec les paradistes Bobèche et Galimafre, etc.; j'ai revu
tout ce monde-là plus tard à Paris. Quelle fête pour nous autres élèves !

m'avait réservé pour la vieillesse. J'ai conservé d'anciens amis, j'ai rendu service autant qu'il a été en mon pouvoir de le faire; j'ai donné de bons conseils; enfin j'ai tout pratiqué pour vivre honnêtement et honorablement; si l'on trouve, en terminant le chapitre qui m'est personnel, que je ne me déchire pas, j'avoue franchement, par contre, que j'ai de grandes imperfections, de vives susceptibilités, et que je m'en veux de ne pas me maîtriser, à mon âge.

Quoique j'aie vécu dans les affaires, j'ai toujours eu du goût pour la littérature. Les études du collège y contribuent beaucoup, lorsque nos dispositions naturelles et notre esprit nous y convient. La lecture, une bonne mémoire, de l'imagination et le travail développent nos facultés : le temps et un jugement sain font le reste.

Quand je devins bibliophile, en 1847, j'habitais le quartier de la Porte Saint-Martin. J'avais toujours beaucoup aimé et fréquenté le théâtre, et c'est à cette branche de notre littérature que je donnai la préférence. J'avais beaucoup lu, je connaissais l'histoire; nos poëtes et nos prosateurs ne m'étaient pas étrangers; je possédais une bonne mémoire, et je me fis bibliophile ardent et acharné pendant plus de dix ans; mais l'âge et les accidents que j'ai éprouvés m'ont forcé à plus de réserve depuis longtemps.

L'histoire du théâtre pendant les soixante années qui viennent de s'écouler serait très-intéressante à étudier et demanderait des volumes pour être écrite. Depuis les écrivains de l'Empire jusqu'à la Restauration, il s'est produit des ouvrages remarquables : mais c'est à la Restauration seulement que la littérature dramatique à commencé à se modifier.

En 1820, le Gymnase ouvre, Scribe s'y implante et y fonde sa réputation. Esprit fécond et ingénieux, travailleur infatigable, Scribe aura une grande et belle page dans l'histoire du théâtre. Ses vaudevilles sont de charmantes comédies, et à coup sûr il a incontestablement transformé le genre ; parolier d'opéras, parfois il s'est montré poëte. N'est-ce pas la comédie de *Bertrand et Raton* qui tua l'émeute en 1832? Puis viennent ensuite Nép. Lemercier. déjà novateur sous l'Empire (si l'on se rappelle ses comédies de *Plaute* et de *Christophe Colomb* et le scandale qu'elles firent), Arnault, Jouy, Cas. Delavigne, Ancelot, Viennet, Lebrun et beaucoup d'autres que je pourrais citer, sapant le vieux classique. Mais c'est en 1829 que l'école romantique fait son apparition au théâtre. Alex. Dumas, presque inconnu jusqu'alors, ouvre la marche avec sa fougue de vingt-sept ans, par son drame de *Henri III et sa cour*, représenté au Théâtre-Français le 11 février 1829. C'est une vraie révolution : décors, costumes, mise en scène splendide, dialogue hardi et plein de feu, tout est étrange et nouveau dans cette conception. Tout le Paris littéraire est enthousiasmé et la foule s'y porte. En mai Cas. Delavigne arrive à son tour avec plus de prudence. Il fait jouer à la Porte-Saint-Martin *Marino Faliero*, belle tragédie en vers et supérieurement écrite. Mais en 1830 !

Voici venir Victor Hugo, génie titanesque, ayant déjà dix volumes

de poésies et de romans; le 25 février *Hernani* (1) paraît; l'éco[le]
romantique est faite et Victor Hugo en est le chef. Quel défilé [de]
beaux et grands drames à partir d'*Hernani*, *Marion Delorme* et [le]
Roi s'amuse, s'il me fallait les nommer! mais cela dépasserait l[es]
bornes de cette notice. De nos jours on joue encore la *Tour de Nes[le]*
et *Périnet-Leclerc*. Pendant dix années l'école romantique fit fureu[r]
et se modifia à son tour quand parurent Ponsard et Émile Augie[r]
elle a continué sa marche rétrograde, et de nos jours des nom[s]
nouveaux, G. Sand, A. Dumas fils, Bouilhet, Sardou, Th. Bar
rière, etc., etc., travaillent avec les idées de l'époque. Avant d[e]
clore le chapitre des auteurs dramatiques, je me demande si c[e]
n'est pas le vieux Séb. Mercier, mort en 1814, qui fut le précur
seur de cette fameuse école romantique. Il publiait, en 1782 et 83
ses drames nationaux de *Louis XI* et de la *Destruction de la Ligue*
et battait déjà en brèche le genre classique, qui plus tard devai[t]
disparaître.

Maintenant, s'il me faut parler des interprètes de toutes ces œuvre[s]
remarquables depuis notre grand tragédien Talma, Mlle Duchesnois
Mlle Mars, ainsi que notre célèbre Frédérick Lemaitre, Mmes Dorval
Rachel, et en continuant jusqu'à nos jours, quelle pléiade de comédiens et d'artistes exceptionnels j'aurais à nommer! mais les borne[s]
de cette notice m'obligent à m'arrêter. Je termine ce chapitre en
affirmant que le théâtre ne périclitera pas dans notre belle patrie,
et qu'il se rencontrera à toutes les époques des comédiens et de[s]
artistes hors ligne pour interpréter dignement les œuvres des écrivains et des compositeurs qui auront su se faire un nom.

Si l'on peut juger les écrivains et les compositeurs par leurs pro-
ductions : que reste-t-il du comédien et de l'artiste après une longue
et difficile carrière? Tout disparaît avec eux, leur réputation, des
traditions, des souvenirs survivent seuls dans la mémoire de leurs
contemporains, et c'est auprès des vieillards qui les ont admirés que
la jeune génération vient s'instruire et s'inspirer. Lorsque j'ai commencé à former ma bibliothèque, je n'avais aucune expérience de
ce genre d'occupation, mais ayant l'habitude de l'ordre, j'ai fini par
adopter une classification toute particulière et suffisante pour mes
recherches. J'ai beaucoup couru, bouquiné pendant plus de dix ans,
j'y ai mis une ardeur incessante, et si elle a quelque importance,
c'est mon entière satisfaction et la seule récompense que j'aie enviée.
J'ai beaucoup travaillé, j'ai entrepris la suite des théâtres d'auteurs
commencée dans Soleinne ; ce travail pourra plus tard servir à ren-
seigner sur la collaboration des auteurs entre eux. J'ai fait quelques
découvertes et des rectifications importantes, on les trouvera dans
mes notes; j'en laisserai de curieuses et des documents utiles à consulter. Mon intention est qu'après moi ma bibliothèque ne soit pas

---

(1) Je possède une première édition d'*Hernani* annotée par un spectateur et fort
curieuse. J'en ai aussi une de *Henri III et sa cour*, avec une dédicace au baron
Taylor.

vendue aux enchères et dispersée ; car rien ne me chagrine plus que de voir des galeries de tableaux, des bibliothèques, des collections (1), formées par de riches amateurs, disparaître après eux. Moi je n'ai rien, mais je tiens à ce qu'elle n'aille pas au *diable au vert*. Je visite mes archives assez souvent, et j'ai soin d'anéantir tout ce qui pourrait donner prise au scandale et aux animosités, car j'ai un carton que je tiens fermé et qui, si je l'ouvrais, serait une véritable boîte de Pandore. Mais je ne veux pas que l'on ait un pareil reproche à m'adresser. La médisance et la calomnie sont de tout temps. Une méchanceté spirituelle, une plaisanterie inconvenante, des propos calomnieux, produisent l'effet de la poignée de grains de sable jetée au vent : ils vont partout.

J'ai toujours tenu ma bibliothèque à la disposition des écrivains et des artistes qui avaient besoin de la consulter ; c'est, je ne crains pas de le dire, une justice que l'on me rendra.

Mon théâtre politique et révolutionnaire sera encore curieux à parcourir et à consulter, après celui de Guilbert-Pixérécourt.

Quant à ma bibliothèque particulière, on y trouvera quelques raretés : des *Psaumes manuscrits du temps de saint Louis*; des *Fragments d'astronomie en latin et annotés de l'époque, manuscrit et impression, avec les signes du zodiaque sur bois et un calcul des éclipses de lune et de soleil depuis 1475 jusqu'en 1513, Venise, 1494*; *une première édition de Avesta amorum, vieux texte français, 1538, in-4°*; *deux petites pièces, un Refus d'obéissance à Henri III et un Pouvoir donné par les ligueurs à Mayenne, 1589*; *des éditions originales de Clément Marot, Montaigne, Garnier, Scarron, Desmarest, Chapelain, Tristan, Scudéry, Rotrou, Pradon*; *plusieurs éditions de Térence*, etc.; jusqu'au poëme de la *Ligue de Voltaire* (depuis la *Henriade*), avec la *Procession des Ligueurs, gravure sur bois .de l'époque*. On le voit, on trouvera encore dans ce que je laisserai à glaner, et ce petit vieillard, au nez busqué, au regard encore vif, que l'on rencontre chaque jour, marchant péniblement, courbé, — eh bien, — c'est moi, et tant que je le pourrai, j'irai ; c'est ma force et ma vie.

Je m'abstiens de parler politique, quoique je m'en sois toujours occupé, mais je le déclare, j'ai constamment marché avec le progrès et en libéral modéré. Le règne de Napoléon III sera une des grandes pages de notre histoire nationale. Il gouverne la France comme elle ne l'avait pas été depuis cinquante ans, et je souhaite qu'il la tienne encore longtemps entre ses mains. Que d'événements se sont passés pendant cette période de plus de soixante années ! En reportant mes souvenirs à mon enfance, je me rappelle avoir vu le

---

(1) Si j'avais été musicien, je crois que j'aurais aimé à recueillir les airs et les paroles des *romances populaires*, depuis *Loin de toi, ma Félicie*, de Florian, jusqu'à nos jours. Dans mon enfance je l'entendais chanter la nuit, par les matelots et les corsaires. C'est dans leurs mœurs, quand ils rentrent au port, de se promener dans les rues, bras dessus bras dessous, en chantant.

premier consul visitant les ports de la Manche, en 1802, à son reto
de la campagne d'Egypte. C'était un matin, à cinq heures, il reven
de Saint-François et débouchait sur le pont Notre-Dame ; il av
la figure maigre et bronzée, les cheveux longs, son chapeau
panaches et son habit grenat ; il était entouré de son état-major
escorté de ses mameluks, qui firent sur ma jeune imagination u
vivre impression. Je le revis en 1815, se rendant au champ de ma
sa physionomie était bien changée, son teint était plus clair,
figure pleine et ovale, son nez aquilin et son regard perçant ; il m
la tête hors la portière de sa voiture, et ses yeux, pénétrant au mili
de la foule, me firent l'effet d'un trait lancé ; il avait dû reconnaît
quelqu'un. Il portait le costume impérial, le manteau court et
chapeau à la Henri IV. Que de grands événements entre ces deu
dates, 1802-1815, et en continuant jusqu'à nos jours ! A coup sûr,
pourrais, comme tant d'autres, écrire des souvenirs... mais non,
n'ai jamais rien été, j'ai vécu dans la foule et j'ai pris pour devise

Plus ignotum rixi..... plus felicem.

Malgré mes soixante-douze ans, je suis encore militant, et je défen
avec énergie mes opinions et mes doctrines ; je ne fuis pas la discus
sion, mais je prévois le jour où l'âge et les infirmités me clouero
dans mon fauteuil ; il me faudra alors renoncer à la vie active, et
ne vivrai plus que de mes souvenirs et de mes pensées, jusqu'
ce que je m'endorme dans le dernier sommeil.

Je termine cette longue notice par une courte conclusion qui
rapport à l'histoire.

Il est dans l'histoire générale des nations des événements, de
époques, des circonstances que l'écrivain doit surtout méditer ave
calme et impartialité pour arriver à la vérité. En France (qu'il m
soit permis de le dire), nous avons souvent une singulière manièr
d'apprécier les faits et les hommes d'un autre temps : nous le fai
sons avec les idées du jour ; en Angleterre on est plus rationnel, o
se reporte aux temps et l'on dit : ils n'avaient ni fait nos progrès
ni acquis nos lumières, et on est plus équitable, car l'équité est l
preuve d'un grand jugement.

Nota. Quant à mes échappées littéraires, on les trouvera après moi

PARIS. — TYP. MORRIS ET COMP., RUE AMELOT. 64.

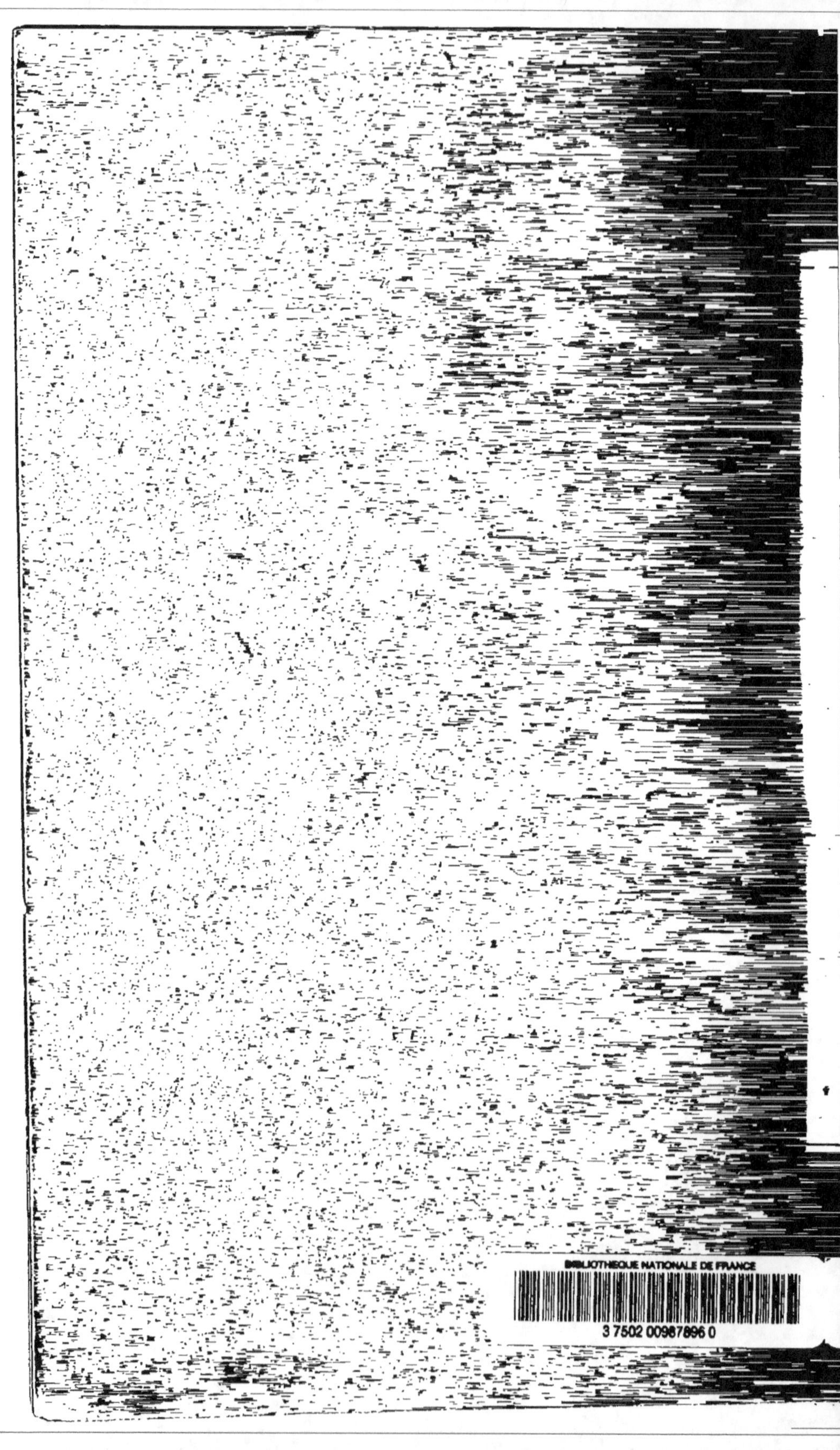